TEXTES RELATIFS

A

L'INSTITUTION DU JURY

EN MATIÈRE CRIMINELLE

A L'ILE DE LA RÉUNION.

SAINT-DENIS

IMPRIMERIE DE O. DELVAL, RUE DU BARACHOIS, 50.

1881

ILE DE LA RÉUNION

TEXTES RELATIFS

A L'INSTITUTION DU JURY

EN MATIÈRE CRIMINELLE

RÉPUBLIQUE FRANÇAISE

ARRÊTÉ DU 30 SEPTEMBRE 1880 (1)

*Portant promulgation dans la Colonie des lois sur le jury
en matière criminelle.*

Nous, Gouverneur de l'Ile de la Réunion,

Vu l'article 9 § 2 du sénatus-consulte du 3 mai 1854 ;
Vu l'article 63 de l'ordonnance d'organisation administrative du 21 août 1825 ;
Vu la dépêche ministérielle du 3 août 1880 n° 348, portant notification de la loi du 27 juillet précédent ;
Vu ladite loi, dont l'article 3 est ainsi conçu :
« Toutes les lois sur le jury, en vigueur dans la métropole, seront promulguées et rendues exécutoires dans
les colonies des Antilles et de la Réunion, ainsi que les
articles 257, 260, 261 § 1er, 262 à 270, 291 à 295, 296 § 2,

---

(1) Publié dans le *Journal officiel* de l'île de la Réunion du 2 octobre 1880.

302 à 350, 352 à 380, 389 à 392, 394 à 399, 400 à 406, 434, 466 à 478, 518 à 520, 523 et 524 du code d'instruction criminelle métropolitain ; »

Sur le rapport du Procureur général,

AVONS ARRÊTÉ ET ARRÊTONS ce qui suit :

Art. 1er. Sont et demeurent promulgués à l'île de la Réunion, pour y être exécutés selon leur forme et teneur :

1° La loi du 27 juillet 1880 susvisée, portant institution du jury dans les colonies de la Martinique, de la Guadeloupe et de la Réunion ;

2° La loi du 21 novembre 1872 sur le jury, à l'exception des articles 3, 6, 7, 11, 13, 14, 15, 16, 17, 18 et 19, que l'article 4 de ladite loi du 27 juillet 1880 a remplacés par d'autres articles ;

3° L'article 1er de la loi du 9 septembre 1835, qui rectifie les articles 341, 345, 346, 347 et 352 du Code d'instruction criminelle, et l'article 17 du Code pénal ;

4° La loi du 13 mai 1836 sur le mode du vote du jury au scrutin secret ;

5° La loi du 9 juin 1853 sur la déclaration du jury ;

6° Le dernier alinéa de l'article unique de la loi du 31 juillet 1875, qui modifie la loi du 21 novembre 1872 sur le jury ;

7° Les articles 35, 36, 90, 91 et 162 du décret du 18 juin 1811, contenant règlement pour l'administration de la justice en matière criminelle, de police correctionnelle et de simple police, et tarif général des frais ;

8° Les articles 257, 260, 261 § 1er, 262 à 270, 291 à 295, 296 § 2, 302 à 350, 352 à 380, 389 à 392, 394 à 399, 400 à 406, 434, 466 à 478, 518 à 520, 523 et 524 du Code d'instruction criminelle métropolitain.

Art. 2. Le Procureur général est chargé de l'exécution du présent arrêté qui sera lu, publié et enregistré partout où besoin sera.

Fait à Saint-Denis, le 30 septembre 1880.

CUINIER.

Par le Gouverneur :

Le Procureur général,

P. CHRÉTIEN.

Enregistré à la Cour d'appel le 1er octobre 1880.

Loi du 27 juillet 1880 (1)

Portant institution du jury dans les colonies de la Martinique, de la Guadeloupe et de la Réunion.

Art. 1er. Dans les colonies de la Martinique, de la Guadeloupe et de la Réunion, le collége des assesseurs est supprimé et remplacé par l'institution du jury.

Art. 2. La colonie de la Réunion est divisée en deux arrondissements judiciaires de cour d'assises. Le siége et le ressort de chacune de ces cours d'assises resteront fixés tels qu'ils sont actuellement.

Il n'y aura dans chacune des colonies de la Guadeloupe et de la Martinique qu'une seule cour d'assises, dont le siége sera, pour la Guadeloupe à la Pointe-à-Pitre, et pour la Martinique à Saint-Pierre.

Art. 3. Toutes les lois sur le jury, en vigueur dans la métropole, seront promulguées et rendues exécutoires dans les colonies des Antilles et de la Réunion, ainsi que les articles 257, 260, 261 § 1er, 262 à 270, 291 à 295, 296 § 2, 302 à 350, 352 à 380, 389 à 392, 394 à 399, 400 à 406, 434, 466 à 478, 518 à 520, 523 et 524 du code d'instruction criminelle métropolitain.

Art. 4. Les articles 3, 6, 7, 11, 13, 14, 15, 16, 17, 18 et 19 de la loi du 21 novembre 1872 seront remplacés par les articles suivants :

« Art 3. Les fonctions de juré sont incompatibles avec celles de sénateur, député, membre du conseil privé, directeur de l'intérieur, membre de la cour d'appel, juge titulaire ou suppléant des tribunaux civils et des tribunaux de commerce, officier du ministère public près les tribunaux de première instance, juge de paix, commissaire de police, ministre d'un culte reconnu par l'Etat, militaire de l'armée de terre ou de mer en activité de service et pourvu d'emploi, fonctionnaire ou préposé au service actif des douanes, des contributions indirectes, des forêts et de l'administration des télégraphes, instituteur primaire communal.

---

(1) Inséréc dans le *Journal officiel de la République Française*, numéro du 29 juillet 1880.

« Art. 6. La liste annuelle du jury comprend 400 jurés pour chaque ressort de cour d'assises.

« Art. 7. Aux Antilles, le nombre des jurés, pour la liste annuelle, est réparti par arrondissement judiciaire et par canton, proportionnellement au tableau officiel de la population.

« Cette répartition est faite par le gouverneur en conseil privé au mois de juillet de chaque année. Le conseil privé est composé, dans ce cas, comme lorsqu'il siége au contentieux. En adressant au juge de paix ou au magistrat qui en remplit les fonctions l'arrêté de répartition, le directeur de l'intérieur lui fait connaître les noms des jurés du canton désignés par le sort pendant l'année courante et pendant l'année précédente.

« A la Réunion, le nombre de 400 jurés pour chaque arrondissement judiciaire est réparti par canton, conformément au paragraphe précédent.

« Art. 11. La liste annuelle des jurés est dressée, pour chaque arrondissement judiciaire, par une commission composée du président du tribunal civil, président ; du juge de paix ou du magistrat qui en remplit les fonctions, et du conseiller général de chaque canton.

« Dans les cantons où il y a plusieurs conseillers généraux, le plus âgé sera seul appelé à faire partie de la commission. En cas d'empêchement, il sera remplacé par un de ses collègues du canton, le plus âgé après lui.

« Art. 13. La commission chargée de dresser la liste annuelle des jurés de l'arrondissement se réunit au chef-lieu d'assises dans la première quinzaine de septembre, sur la convocation faite par le président du tribunal civil. Elle peut porter sur cette liste des noms de personnes qui n'ont pas été inscrites sur les listes préparatoires des commissions cantonales, sans toutefois que le nombre de ces noms puisse excéder le quart de ceux qui sont portés pour le canton ; elle a également la faculté d'élever ou d'abaisser, pour chaque canton, le contingent proportionnel fixé par l'arrêté du gouverneur, sans toutefois que la réduction ou l'augmentation puisse excéder le quart du contingent du canton ni modifier le contingent de l'arrondissement judiciaire.

« Les décisions sont prises à la majorité. En cas de partage, la voix du président est prépondérante.

« Art. 14. La liste d'arrondissement, définitivement arrêtée, est signée séance tenante. Elle est transmise, avant le 1er décembre, au greffier de la cour d'appel et, dans l'arrondissement où ne se trouve pas le siége de la cour, au greffe du tribunal civil.

« Art. 15. Une liste spéciale des jurés suppléants, pris

parmi les jurés de la ville où se tiennent les assises, est aussi formée chaque année en dehors de la liste annuelle du jury.

« Elle comprend cinquante jurés pour chaque arrondissement.

« Cette liste est dressée par la commission de l'arrondissement où se tiennent les assises.

« Art. 16. Le président de la cour d'appel ou le président du tribunal chef-lieu d'assises dresse, dans la première quinzaine de décembre, la liste annuelle du jury pour le ressort de la cour d'assises, par ordre alphabétique. Il dresse également la liste spéciale des jurés suppléants.

« Art. 17. Le juge de paix de chaque canton ou le magistrat qui en remplit les fonctions est tenu d'instruire immédiatement le président de la cour d'appel ou le président du tribunal chef-lieu d'assises, des décès, des incapacités ou des incompatibilités légales qui frapperaient les membres dont les noms sont portés sur la liste annuelle.

« Dans ce cas, il est statué conformément à l'article 390 du code d'instruction criminelle.

« Art. 18. Vingt jours au moins avant l'ouverture des assises, le président de la cour d'appel ou le président du tribunal chef-lieu d'assises, dans les villes où il n'y a pas de cour d'appel, tire au sort, en audience publique, sur la liste annuelle, les noms des *trente-six jurés* qui forment la liste de la session. Il tire, en outre, quatre jurés suppléants sur la liste spéciale.

« Ils transmettent immédiatement le résultat du tirage au directeur de l'intérieur, qui fait les notifications prescrites par l'article 389 du code d'instruction criminelle.

« Art. 19. Si, au jour indiqué pour le jugement, le nombre des jurés est réduit à moins de trente par suite d'absence ou pour toute autre cause, ce nombre est complété par les jurés suppléants, suivant l'ordre de leur inscription ; en cas d'insuffisance, par des jurés tirés au sort en audience publique parmi les jurés inscrits sur la liste spéciale ; subsidiairement, parmi les jurés de la ville inscrits sur la liste annuelle.

« Dans les cas prévus par les articles 64 (1) de l'ordonnance du 30 septembre 1827 et 73 de l'ordonnance du 24 septembre 1828, le nombre des jurés titulaires est complété par un tirage au sort fait, en audience publique, parmi les jurés de la ville inscrits sur la liste annuelle. »

---

(1) Art. 64. Le gouverneur en conseil pourra, lorsque les circonstances l'exigeront, convoquer des assises extraordinaires qui se tiendront dans telle commune de la colonie et à tel jour qu'il jugera convenable d'indiquer.

Art. 5. Dans les chefs-lieux de cour d'appel, les assises seront tenues par trois des membres de la cour, dont l'un sera président. Les fonctions du ministère public seront remplies par le procureur général ou ses substituts.

Art. 6. Dans les arrondissements où ne se trouve pas le siége de la cour d'appel, la cour d'assises sera composée :

1° D'un conseiller de la cour d'appel délégué à cet effet, et qui sera président de la cour d'assises;

2° De deux juges pris soit parmi les conseillers de la cour d'appel, soit parmi les président ou juges du tribunal de première instance du lieu de la tenue des assises ;

3° Du procureur de la République près le tribunal ou d'un de ses substituts, sans préjudice du droit du procureur général de déléguer ses fonctions à l'un de ses substituts ;

4° Du greffier du tribunal de première instance ou de l'un de ses commis assermentés.

Art. 7. Dans les cas prévus par les articles 5 et 6, le président de la cour d'appel désignera le président et les assesseurs de la cour d'assises, après avoir pris l'avis du procureur général.

A partir du jour de l'ouverture de la session, le président des assises pourvoira au remplacement des assesseurs empêchés, et désignera, s'il y a lieu, les assesseurs supplémentaires.

Art. 8. Dans les vingt jours qui suivront la promulgation de la présente loi, le gouverneur procédera à la répartition prescrite par l'article 7 de la loi du 24 novembre 1872.

Dans les quinze jours qui suivront cette opération, les commissions de canton dresseront les listes préparatoires prévues par l'article 10.

Dans le mois qui suivra, les commissions d'arrondissement dresseront les listes annuelles prescrites par l'article 13.

Deux mois après, le président de la cour ou le

président du tribunal, suivant le cas, dresseront les listes définitives.

L'institution du jury sera appliquée dans la première session qui suivra cette dernière opération.

Art. 9. Aux Antilles, lorsque le renvoi aura été ordonné en matière criminelle par le conseil privé, selon les formes du code d'instruction criminelle colonial, l'affaire sera renvoyée à la cour d'assises de l'autre colonie.

L'arrêt du conseil qui aura prononcé le renvoi sera notifié dans la quinzaine par le gouverneur de la colonie au gouverneur de la colonie dont la cour d'assises sera saisie de la connaissance de l'affaire.

Dans le même délai, le procureur général fera la même notification à son collègue, à l'accusé et à la partie civile.

Art. 10. En cas d'annulation d'un arrêt de cour d'assises de l'une des trois colonies, la cour de cassation pourra renvoyer le procès devant la même cour composée d'autres membres.

S'il ne se trouvait pas à la cour d'appel trois membres pouvant former la nouvelle cour d'assises, le président de la cour y appellerait, pour compléter le nombre, un ou deux membres du tribunal de première instance de l'arrondissement où siége la cour d'assises.

Art. 11. Sont abrogés les articles 66 à 68 et le titre IV de l'ordonnance du 24 septembre 1828 et les articles 57 à 59, et le titre IV (1) de l'ordonnance du 30 septembre 1827, et généralement toutes dispositions contraires à celles de la présente loi (2).

Art. 12. Le ministre de la marine et des colonies et le garde des sceaux, ministre de la justice, sont chargés, chacun en ce qui le concerne, de l'exécution de la présente loi.

---

(1) Le titre IV : DES ASSESSEURS, comprend les articles 161 à 174 de l'ordonnance judiciaire.

(2) Entre autres textes virtuellement abrogés par la loi relative à l'institution du jury, voir notamment :

Loi du 21 novembre 1872

Sur le jury.

TITRE Ier.

CONDITIONS REQUISES POUR ÊTRE JURÉ.

Art. 1er. Nul ne peut remplir les fonctions de juré, à peine de nullité des déclarations de culpabilité auxquelles il aurait concouru, s'il n'est âgé de trente ans accomplis, s'il ne jouit des droits politiques, civils et de famille, ou s'il est dans un des cas d'incapacité ou d'incompatibilité établis par les deux articles suivants.

Art. 2. Sont incapables d'être jurés :

1° Les individus qui ont été condamnés, soit à des peines afflictives et infamantes, soit à des peines infamantes seulement ;

2° Ceux qui ont été condamnés à des peines correctionnelles pour des faits qualifiés crimes par la loi ;

3° Les militaires condamnés au boulet ou aux travaux publics ;

4° Les condamnés à un emprisonnement de trois mois au moins ; toutefois, les condamnations pour délits politiques ou de presse n'entraîneront que l'incapacité temporaire dont il est parlé au paragraphe 11 du présent article ;

5° Les condamnés à l'amende ou à l'emprisonnement, quelle qu'en soit la durée, pour vol, escroquerie, abus de confiance, soustraction commise par

---

1° L'art. 68 de l'ordonnance judiciaire du 30 septembre 1827, lequel était ainsi conçu : « Les membres de la cour « d'appel et les assesseurs prononceront en commun : — « sur la position des questions, — sur toutes les questions « posées, — et sur l'application de la peine. »

2° Les articles 253, 381 à 406 (DES ASSESSEURS) du code d'instruction criminelle colonial de la Réunion du 19 décembre 1827.

des dépositaires publics, attentats aux mœurs prévus par les articles 330 et 334 du code pénal, délit d'usure ; les condamnés à l'emprisonnement pour outrage à la morale publique et religieuse, attaque contre le principe de la propriété et les droits de famille, délits commis contre les mœurs par l'un des moyens énoncés dans l'article 1er de la loi du 17 mai 1819, pour vagabondage ou mendicité, pour infraction aux dispositions des articles 60, 63 et 65 de la loi sur le recrutement de l'armée et aux dispositions de l'article 423 du code pénal, de l'article 1er de la loi du 27 mars 1851 et de l'article 1er de la loi des 5-9 mai 1855 ; pour les délits prévus par les articles 134, 142, 143, 174, 251, 305, 345, 362, 363, 364 § 3, 365, 366, 387, 389, 399 § 2, 400 § 2, 418 du code pénal ;

6° Ceux qui sont en état d'accusation ou de contumace ;

7° Les notaires, greffiers et officiers ministériels destitués ;

8° Les faillis non réhabilités dont la faillite a été déclarée soit par les tribunaux français, soit par jugement rendu à l'étranger , mais exécutoire en France ;

9° Ceux auxquels les fonctions de jurés ont été interdites en vertu de l'article 396 du code d'instruction criminelle ou de l'article 42 du code pénal;

10° Ceux qui sont sous mandat d'arrêt ou de dépôt ;

11° Sont incapables, pour cinq ans seulement, à dater de l'expiration de leur peine, les condamnés à un emprisonnement de moins de trois mois pour quelque délit que ce soit, même pour les délits politiques ou de presse ;

12° Sont également incapables les interdits, les individus pourvus de conseils judiciaires, ceux qui sont placés dans un établissement public d'aliénés, en vertu de la loi du 30 juin 1838.

Art. 3. *Ainsi modifié par la loi du 27 juillet 1880* : Les fonctions de juré sont incompatibles avec celles de sénateur, député, membre du conseil privé, directeur de l'intérieur, membre de la cour d'appel, juge titulaire ou suppléant des tribunaux civils et des tribunaux de commerce, officier du ministère public près les tribunaux de première instance, juge de paix, commissaire de police, ministre d'un culte reconnu par l'Etat, militaire de l'armée de terre ou de mer en activité de service et pourvu d'emploi, fonctionnaire ou préposé au service actif des douanes, (1) des contributions indirectes, des forêts et de l'administration des télégraphes, instituteur primaire communal.

Art: 4. Ne peuvent être jurés les domestiques et serviteurs à gages, ceux qui ne savent pas lire et écrire en français.

Art. 5. Sont dispensés des fonctions de jurés:

1° Les septuagénaires ; 2° ceux qui ont besoin pour vivre de leur travail manuel et journalier ; 3° ceux qui ont rempli les dites fonctions pendant l'année courante ou l'année précédente.

TITRE II.

DE LA COMPOSITION DE LA LISTE ANNUELLE.

Art. 6. *Ainsi modifié par la loi du 27 juillet 1880*: La liste annuelle du jury comprend 400 jurés pour chaque ressort de cour d'assises.

Art. 7. *Ainsi modifié par la loi du 27 juillet 1880*: Aux Antilles, le nombre des jurés, pour la liste annuelle, est réparti par arrondissement judiciaire et par canton, proportionnellement au tableau officiel de la population.

Cette répartition est faite par le gouverneur en conseil privé, au mois de juillet de chaque année. Le conseil privé est composé, dans ce cas, comme lorsqu'il siége au contentieux.

---

(1) La loi métropolitaine porte : fonctionnaire ou préposé *du* service actif des douanes, des contributions indirectes.., rédaction reproduite dans le texte officiel du *Bulletin des lois*, 1880, 2e sem., p. 143.

En adressant au juge de paix ou au magistrat qui en remplit les fonctions l'arrêté de répartition, le directeur de l'intérieur lui fait connaître les noms des jurés du canton désignés par le sort pendant l'année courante et pendant l'année précédente.

A la Réunion, le nombre de 400 jurés pour chaque arrondissement judiciaire est réparti par canton, conformément au paragraphe précédent.

Art. 8. Une commission composée, dans chaque canton, du juge de paix président, des suppléants du juge de paix et des maires de toutes les communes du canton, dresse une liste préparatoire de la liste annuelle. Cette liste contient un nombre de noms double de celui fixé pour le contingent du canton.

Dans les cantons formés d'une seule commune, la commission est composée, indépendamment du juge de paix et de ses suppléants, du maire de la commune et de deux conseillers désignés par le conseil municipal.

Dans les communes divisées en plusieurs cantons, il y a autant de commissions que de cantons. Chacune de ces commissions est composée, indépendamment du juge de paix et de ses suppléants, du maire de la ville ou d'un adjoint délégué par lui, de deux conseillers municipaux désignés par le conseil et des maires des communes rurales comprises dans le canton.

Art. 9. A Paris, les listes préparatoires sont dressées pour chaque quartier par une commission composée du juge de paix de l'arrondissement ou d'un suppléant du juge de paix, président, du maire de l'arrondissement ou d'un adjoint, du conseiller municipal nommé dans le quartier et, en outre, de quatre personnes désignées par ces trois premiers membres parmi les jurés qui ont été portés l'année précédente sur la liste de l'arrondissement et qui ont leur domicile dans le quartier.

Art. 10. Les commissions chargées de dresser les

listes préparatoires se réunissent dans la première quinzaine du mois d'août, au chef-lieu de leur circonscription, sur la convocation spéciale du juge de paix, délivrée dans la forme administrative.

Les listes sont dressées en deux originaux dont l'un reste déposé au greffe de la justice de paix et l'autre est transmis au greffe du tribunal civil de l'arrondissement.

Dans le département de la Seine, le second original des listes dressées par les commissions de canton ou de quartier est envoyé au greffe du tribunal de la Seine.

Le public est admis à prendre connaissance des listes préparatoires pendant les quinze jours qui suivent le dépôt de ces listes au greffe de la justice de paix.

Art. 11. *Ainsi modifié par la loi du 27 juillet 1880* : La liste annuelle des jurés est dressée, pour chaque arrondissement judiciaire, par une commission composée du président du tribunal civil, président ; du juge de paix ou du magistrat qui en remplit les fonctions, et du conseiller général de chaque canton.

Dans les cantons où il y a plusieurs conseillers généraux, le plus âgé sera seul appelé à faire partie de la commission. En cas d'empêchement, il sera remplacé par un de ses collègues du canton, le plus âgé après lui.

Art. 12. Dans tous les cas prévus par la présente loi, le maire, s'il est empêché, sera remplacé par un adjoint expressément délégué.

Art. 13. *Ainsi modifié par la loi du 27 juillet 1880* : La commission chargée de dresser la liste annuelle des jurés de l'arrondissement se réunit au chef-lieu d'assises dans la première quinzaine de septembre, sur la convocation faite par le président du tribunal civil. Elle peut porter sur cette liste des noms de personnes qui n'ont pas été inscrites sur les listes préparatoires des commissions cantonales, sans toutefois que le nombre de ces noms puisse excéder le quart de ceux qui sont portés pour le canton ; elle a également la faculté d'élever ou d'abaisser, pour chaque canton, le contingent proportionnel fixé par l'arrêté du gouverneur, sans toutefois que la réduction ou l'augmentation puisse excéder le quart du contingent du canton ni modifier le contingent de l'arrondissement judiciaire.

Les décisions sont prises à la majorité. En cas de partage, la voix du président est prépondérante.

Art. 14. *Ainsi modifié par la loi du 27 juillet 1880* : La liste d'arrondissement, définitivement arrêtée, est signée séance tenante. Elle est transmise, avant le 1er décembre, au greffier de la cour d'appel et, dans l'arrondissement où ne se trouve pas le siége de la cour, au greffe du tribunal civil.

Art. 15. *Ainsi modifié par la loi du 27 juillet 1880* : Une liste spéciale des jurés suppléants, pris parmi les jurés de la ville où se tiennent les assises, est aussi formée chaque année en dehors de la liste annuelle du jury.

Elle comprend cinquante jurés pour chaque arrondissement.

Cette liste est dressée par la commission de l'arrondissement où se tiennent les assises.

Art. 16. *Ainsi modifié par la loi du 27 juillet 1880* : Le président de la cour d'appel ou le président du tribunal chef-lieu d'assises dresse, dans la première quinzaine de décembre, la liste annuelle du jury pour le ressort de la cour d'assises, par ordre alphabétique. Il dresse également la liste spéciale des jurés suppléants.

Art. 17. *Ainsi modifié par la loi du 27 juillet 1880* : Le juge de paix de chaque canton ou le magistrat qui en remplit les fonctions est tenu d'instruire immédiatement le président de la cour d'appel ou le président du tribunal chef-lieu d'assises, des décès, des incapacités ou des incompatibilités légales qui frapperaient les membres dont les noms sont portés sur la liste annuelle.

Dans ce cas, il est statué conformément à l'article 390 du code d'instruction criminelle.

TITRE III.

DE LA COMPOSITION DE LA LISTE DU JURY POUR CHAQUE SESSION.

Art. 18. *Ainsi modifié par la loi du 27 juillet 1880* : Vingt jours au moins avant l'ouverture des assises, le président de la cour d'appel ou le président du tribunal chef-lieu d'assises, dans les villes où il n'y a pas de cour d'appel, tire au sort, en audience publique, sur la liste annuelle, les noms des *trente-six jurés* qui forment la liste de la session. Il tire, en outre, quatre jurés suppléants sur la liste spéciale.

Ils transmettent immédiatement le résultat du tirage au directeur de l'intérieur, qui fait les notifications prescrites par l'article 389 du code d'instruction criminelle.

Si les noms d'un ou de plusieurs jurés ayant rempli lesdites fonctions pendant l'année courante ou pendant l'année précédente, viennent à sortir de l'urne, ils seront immédiatement remplacés sur la liste de session par les noms d'un ou de plusieurs autres jurés tirés au sort. (*Cette disposition finale a été ajoutée par la loi du 31 juillet 1875.*)

Art. 19. *Ainsi modifié par la loi du 27 juillet 1880* : Si, au jour indiqué pour le jugement, le nombre des jurés est réduit à moins de trente par suite d'absence ou pour toute autre cause, ce nombre est complété par les jurés suppléants, suivant l'ordre de leur inscription ; en cas d'insuffisance, par des jurés tirés au sort en audience publique parmi les jurés inscrits sur la liste spéciale ; subsidiairement, parmi les jurés de la ville inscrits sur la liste annuelle.

Dans les cas prévus par les articles 64 de l'ordonnance du 30 septembre 1827 et 73 de l'ordonnance du 24 septembre 1828, le nombre des jurés titulaires est complété par un tirage au sort fait, en audience publique, parmi les jurés de la ville inscrits sur la liste annuelle.

Art. 20. L'amende de 500 francs, prononcée par le deuxième paragraphe de l'article 396 du code d'instruction criminelle, peut être réduite par la cour à 200 francs, sans préjudice des autres dispositions de cet article.

TITRE IV.

DISPOSITIONS GÉNÉRALES.

Art 21. La loi du 4 juin 1853 et le décret du 14 octobre 1870 sont abrogés.

Les dispositions du code d'instruction criminelle qui ne sont pas contraires à la présente loi continueront d'être exécutées.

La liste générale du jury et la liste annuelle, dressées pour l'année 1872, seront valables pour cette année.

Art. 22. *Dispositions transitoires.*

. . . .

Loi du 13 mai 1836

Sur le mode du vote du jury au scrutin secret.

Art. 1er. Le jury votera par bulletins écrits et par scrutins distincts et successifs, sur le fait principal d'abord, et, s'il y a lieu, sur chacune des circonstances aggravantes, sur chacun des faits d'excuse légale, sur la question de discernement, et enfin sur la question des circonstances atténuantes, que le chef du jury sera tenu de poser toutes les fois que la culpabilité de l'accusé aura été reconnue.

Art. 2. A cet effet, chacun des jurés, appelé par le chef du jury, recevra de lui un bulletin ouvert, marqué du timbre de la Cour d'assises, et portant ces mots : *Sur mon honneur et ma conscience, ma déclaration est…* Il écrira à la suite, ou fera écrire secrètement par un juré de son choix, le mot *oui* ou le mot *non*, sur une table disposée de manière à ce que personne ne puisse voir le vote inscrit au bulletin. Il remettra le bulletin écrit et fermé au chef du jury, qui le déposera dans une urne ou boîte destinée à cet usage.

Art. 3. *Ainsi modifié par la loi du 9 juin 1853 :* Le chef du jury dépouille chaque scrutin en présence des jurés, qui peuvent vérifier les bulletins. Il constate, sur-le-champ, le résultat du vote en marge ou à la suite de la question résolue. La déclaration du jury, en ce qui concerne les circonstances atténuantes, n'est exprimée que si le résultat du scrutin est affirmatif.

Art. 4. S'il arrivait que dans le nombre des bulletins il s'en trouvât sur lesquels aucun vote ne fût exprimé, ils seraient comptés comme portant une réponse favorable à l'accusé. Il en serait de même des bulletins que six jurés au moins auraient déclarés illisibles.

Art. 5. Immédiatement après le dépouillement de chaque scrutin, les bulletins seront brûlés en présence du jury.

Art. 6. La présente loi sera affichée, en gros caractères, dans la chambre des délibérations du jury.

Loi du 9 juin 1853
Sur la déclaration du jury.

ART. 1er. *Le décret des 18-20 octobre 1848 est abrogé ; les articles 347 et 352 du Code d'instruction criminelle sont modifiés ainsi qu'il suit :*

Art. 347. La décision du jury, tant contre l'accusé que sur les circonstances atténuantes, se forme à la majorité. La déclaration du jury constate cette majorité, sans que le nombre de voix puisse y être exprimé ; le tout à peine de nullité.

Art. 352. Dans le cas où l'accusé est reconnu coupable, et si la cour est convaincue que les jurés, tout

en observant les formes, se sont trompés au fond,
elle déclare qu'il est sursis au jugement et renvoie
l'affaire à la session suivante, pour y être soumise à
un nouveau jury, dont ne peut faire partie aucun
des jurés qui ont pris part à la déclaration annulée.

Nul n'a le droit de provoquer cette mesure. La
Cour ne peut l'ordonner que d'office, immédiatement après que la déclaration du jury a été prononcée publiquement.

Après la déclaration du second jury, la Cour ne
peut ordonner un nouveau renvoi, même quand
cette déclaration serait conforme à la première.

ART. 2. L'article 341 du Code d'instruction crimi-
nelle et l'article 3 de la loi du 13 mai 1836 sont mo-
difiés ainsi qu'il suit :

Art. 341. En toute matière criminelle, même en
cas de récidive, le président, après avoir posé les
questions résultant de l'acte d'accusation et des débats, avertit le jury, à peine de nullité, que s'il pense,
à la majorité, qu'il existe, en faveur d'un ou de plusieurs accusés reconnus coupables, des circonstances atténuantes, il doit en faire la déclaration en
ces termes : « A la majorité, il y a des circonstances atténuantes en faveur de l'accusé. » Ensuite le
président remet les questions écrites aux jurés,
dans la personne du chef du jury ; il y joint l'acte
d'accusation, les procès-verbaux qui constatent les
délits, et les pièces du procès autres que les déclarations écrites des témoins.

Le président avertit le jury que tout vote doit
avoir lieu au scrutin secret. Il fait retirer l'accusé
de l'auditoire.

Art. 3 de la loi du 13 mai 1836. Le chef du jury dépouille chaque scrutin en présence des jurés,
qui peuvent vérifier les bulletins. Il constate, sur-le-
champ, le résultat du vote en marge ou à la suite de
la question résolue. La déclaration du jury, en ce
qui concerne les circonstances atténuantes, n'est
exprimée que si le résultat du scrutin est affirmatif.

ARTICLES du Code d'instruction criminelle métropolitain promulgués en conformité de l'art. 3 de la loi du 27 juillet 1880.

. . . .

LIVRE II.

TITRE DEUXIÈME.

DES AFFAIRES QUI DOIVENT ÊTRE SOUMISES AU JURY.

. . . .

CHAPITRE II.

DE LA FORMATION DES COURS D'ASSISES.

. . . .

257. Les membres de la Cour d'appel qui auront voté sur la mise en accusation, ne pourront, dans la même affaire, ni présider les assises, ni assister le président, à peine de nullité.

Il en sera de même à l'égard du juge d'instruction.

. . . .

260. Le jour où les assises doivent s'ouvrir sera fixé par le président de la Cour d'assises. (1) Les assises ne seront closes qu'après que toutes les affaires criminelles qui étaient en état lors de leur ouverture y auront été portées.

261 § Ier. Les accusés qui ne seront arrivés dans la maison de justice qu'après l'ouverture des assises ne pourront y être jugés que lorsque le procureur général l'aura requis, lorsque les accusés y auront consenti, et lorsque le président l'aura ordonné.

. . . .

(1) L'article 63 de l'ordonnance organique judiciaire du 30 septembre 1827 dispose comme suit : « Chaque cour d'assises tiendra par année quatre sessions, qui s'ouvriront, savoir : à Saint-Denis, le 5 des mois de janvier, d'avril, de juillet et d'octobre ; à Saint-Paul (*Saint-Pierre*), le 20 des mois de mars, juin, septembre et décembre. Néanmoins, si les besoins du service le commandent, le gouverneur en conseil pourra changer l'époque de l'ouverture des assises, sans pouvoir en diminuer le nombre. » (*Modifié, quant à la fixation du jour, par l'art. 260 du code d'instruction criminelle.*)

262. Les arrêts de la Cour d'assises ne pourront être attaqués que par la voie de la cassation et dans les formes déterminées par la loi.

263. Si, depuis la notification faite aux jurés en exécution de l'article 389 du présent code, le président de la Cour d'assises se trouve dans l'impossibilité de remplir ses fonctions, il sera remplacé par le plus ancien des autres juges de la Cour d'appel nommés ou délégués pour l'assister ; et, s'il n'a pour assesseur aucun juge de la Cour d'appel, par le président du tribunal de première instance.

264. Les juges de la Cour d'appel seront, en cas d'absence ou de tout autre empêchement, remplacés par d'autres juges de la même cour, et, à leur défaut, par des juges de première instance ; ceux de première instance le seront par des suppléants.

265. Le procureur général pourra, même étant présent, déléguer ses fonctions à l'un de ses substituts.

Cette disposition est commune à la Cour d'appel et à la Cour d'assises.

§ 1er. — *Fonctions du président.*

266. Le président est chargé, 1° d'entendre l'accusé lors de son arrivée dans la maison de justice ; 2° de convoquer les jurés et de les tirer au sort.

Il pourra déléguer ces fonctions à l'un des juges.

267. Il sera de plus chargé personnellement de diriger les jurés dans l'exercice de leurs fonctions, de leur exposer l'affaire sur laquelle ils auront à délibérer, même de leur rappeler leur devoir, de présider à toute l'instruction, et de déterminer l'ordre entre ceux qui demanderont à parler.

Il aura la police de l'audience.

268. Le président est investi d'un pouvoir discrétionnaire, en vertu duquel il pourra prendre sur lui tout ce qu'il croira utile pour découvrir la vérité ; et la loi charge son honneur et sa conscience d'employer tous ses efforts pour en favoriser la manifestation.

269. Il pourra, dans le cours des débats, appeler, même par mandat d'amener, et entendre toutes personnes, ou se faire apporter toutes nouvelles pièces qui lui paraîtraient, d'après les nouveaux développements donnés à l'audience, soit par les accusés, soit par les témoins, pouvoir répandre un jour utile sur le fait contesté.

Les témoins ainsi appelés ne prêteront point serment, et leurs déclarations ne seront considérées que comme renseignements.

270. Le président devra rejeter tout ce qui tendrait à prolonger les débats sans donner lieu d'espérer plus de certitude dans les résultats.

CHAPITRE III.

DE LA PROCÉDURE DEVANT LA COUR D'ASSISES.

291. Quand l'accusation aura été prononcée, si l'affaire ne doit pas être jugée dans le lieu où siége la Cour d'appel, le procès sera, par les ordres du procureur général, envoyé, dans les vingt-quatre heures, au greffe du tribunal de première instance du chef-lieu du département, ou au greffe du tribunal qui pourrait avoir été désigné.

Dans tous les cas, les pièces servant à conviction qui seront restées déposées au greffe du tribunal d'instruction, ou qui auraient été apportées à celui de la Cour d'appel, seront réunies dans le même délai au greffe où doivent être remises les pièces du procès.

292. Les vingt-quatre heures courront du moment de la signification, faite à l'accusé, de l'arrêt de renvoi devant la Cour d'assises.

L'accusé, s'il est détenu, sera, dans le même délai, envoyé dans la maison de justice du lieu où doivent se tenir les assises.

293. Vingt-quatre heures au plus tard après la remise des pièces au greffe et l'arrivée de l'accusé dans la maison de justice, celui-ci sera interrogé par le président de la Cour d'assises, ou par le juge qu'il aura délégué.

294. L'accusé sera interpellé de déclarer le choix qu'il aura fait d'un conseil pour l'aider dans sa défense ; sinon le juge lui en désignera un sur-le-champ, à peine de nullité de tout ce qui suivra.

Cette désignation sera comme non avenue, et la nullité ne sera pas prononcée, si l'accusé choisit un conseil.

295. Le conseil de l'accusé ne pourra être choisi par lui ou désigné par le juge que parmi les avocats ou avoués de la Cour d'appel ou de son ressort, à moins que l'accusé n'obtienne du président de la Cour d'assises la permission de prendre pour conseil un de ses parents ou amis.

. . . .

296 § 2. L'exécution du présent article et des deux précédents sera constatée par un procès-verbal, que signeront l'accusé, le juge et le greffier : si l'accusé ne sait ou ne veut pas signer, le procès-verbal en fera mention.

. . . .

302. Le conseil pourra communiquer avec l'accusé après son interrogatoire.

Il pourra aussi prendre communication de toutes les pièces, sans déplacement, et sans retarder l'instruction.

303. S'il y a de nouveaux témoins à entendre et qu'ils résident hors du lieu où se tient la Cour d'assises, le président, ou le juge qui le remplace, pourra commettre, pour recevoir leurs dépositions, le juge d'instruction de l'arrondissement où ils résident, ou même d'un autre arrondissement : celui-ci, après les avoir reçues, les enverra closes et cachetées au greffier qui doit exercer ses fonctions à la Cour d'assises.

304. Les témoins qui n'auront pas comparu sur la citation du président ou du juge commis par lui, et qui n'auront pas justifié qu'ils en étaient légitimement empêchés, ou qui refuseront de faire leurs dépositions, seront jugés par la Cour d'assises, et punis conformément à l'article 80.

305. Les conseils des accusés pourront prendre ou faire prendre, à leurs frais, copie de telles pièces du procès qu'ils jugeront utiles à leur défense.

Il ne sera délivré gratuitement aux accusés, en quelque nombre qu'ils puissent être, et dans tous les cas, qu'une seule copie des procès-verbaux constatant le délit, et des déclarations écrites des témoins.

Les présidents, les juges et le procureur général

sont tenus de veiller à l'exécution du présent article.

306. Si le procureur général ou l'accusé ont des motifs pour demander que l'affaire ne soit pas portée à la première assemblée du jury, ils présenteront au président de la Cour d'assises une requête en prorogation de délai.

Le président décidera si cette prorogation doit être accordée ; il pourra aussi, d'office, proroger le délai.

307. Lorsqu'il aura été formé à raison du même délit plusieurs actes d'accusation contre différents accusés, le procureur général pourra en requérir la jonction, et le président pourra l'ordonner, même d'office.

308. Lorsque l'acte d'accusation contiendra plusieurs délits non connexes, le procureur général pourra requérir que les accusés ne soient mis en jugement, quant à présent, que sur l'un ou quelqués-uns de ces délits, et le président pourra l'ordonner d'office.

309. Au jour fixé pour l'ouverture des assises, la Cour ayant pris séance, douze jurés se placeront, dans l'ordre désigné par le sort, sur des siéges séparés du public, des parties et des témoins, en face de celui qui est destiné à l'accusé.

CHAPITRE IV.

DE L'EXAMEN, DU JUGEMENT ET DE L'EXÉCUTION.

SECTION PREMIÈRE.

DE L'EXAMEN.

310. L'accusé comparaîtra libre, et seulement accompagné de gardes pour l'empêcher de s'évader. Le président lui demandera son nom, ses prénoms, son âge, sa profession, sa demeure et le lieu de sa naissance.

311. Le président avertira le conseil de l'accusé qu'il ne peut rien dire contre sa conscience ou contre le respect dû aux lois, et qu'il doit s'exprimer avec décence et modération.

312. Le président adressera aux jurés, debout et découverts, le discours suivant :

« Vous jurez et promettez devant Dieu et devant les hommes d'examiner avec l'attention la plus scrupuleuse les charges qui seront portées contre N. ; de ne trahir ni les intérêts de l'accusé, ni ceux de la société qui l'accuse ; de ne communiquer avec personne jusqu'après votre déclaration ; de n'écouter ni la haine ou la méchanceté, ni la crainte ou l'affection ; de vous décider d'après les charges et les moyens de défense, suivant votre conscience et votre intime conviction, avec l'impartialité et la fermeté qui conviennent à un homme probe et libre. »

Chacun des jurés, appelé individuellement par le président, répondra, en levant la main: *Je le jure*, à peine de nullité.

313. Immédiatement après, le président avertira l'accusé d'être attentif à ce qu'il va entendre.

Il ordonnera au greffier de lire l'arrêt de la Cour d'appel portant renvoi à la Cour d'assises, et l'acte d'accusation.

Le greffier fera cette lecture à haute voix.

314. Après cette lecture, le président rappellera à l'accusé ce qui est contenu en l'acte d'accusation, et lui dira : « Voilà de quoi vous êtes accusé ; vous allez entendre les charges qui seront produites contre vous.»

315. Le procureur général exposera le sujet de l'accusation ; il présentera ensuite la liste des témoins qui devront être entendus, soit à sa requête, soit à la requête de la partie civile, soit à celle de l'accusé.

Cette liste sera lue à haute voix par le greffier.

Elle ne pourra contenir que les témoins dont les noms, profession et résidence auront été notifiés, vingt-quatre heures au moins avant l'examen de ces témoins, à l'accusé, par le procureur général ou la partie civile, et au procureur général par l'accusé ; sans préjudice de la faculté accordée au président par l'article 269.

L'accusé et le procureur général pourront, en conséquence, s'opposer à l'audition d'un témoin qui n'aurait pas été indiqué ou qui n'aurait pas été clairement désigné dans l'acte de notification.

La Cour statuera de suite sur cette opposition.

316. Le président ordonnera aux témoins de se retirer dans la chambre qui leur sera destinée. Ils n'en sortiront que pour déposer. Le président prendra des précautions, s'il en est besoin, pour empêcher les témoins de conférer entre eux du délit et de l'accusé, avant leur déposition.

317. Les témoins déposeront séparément l'un de l'autre, dans l'ordre établi par le procureur général. Avant de déposer, ils prêteront, à peine de nullité, le serment de parler sans haine et sans crainte, de dire toute la vérité et rien que la vérité.

Le président leur demandera leurs noms, prénoms, âge, profession, leur domicile ou résidence, s'ils connaissaient l'accusé avant le fait mentionné dans l'acte d'accusation, s'ils sont parents ou alliés, soit de l'accusé, soit de la partie civile, et à quel degré ; il leur demandera encore s'ils ne sont pas attachés au service de l'un ou de l'autre ; cela fait, les témoins déposeront oralement.

318. Le président fera tenir note, par le greffier, des additions, changements ou variations qui pourraient exister entre la déposition d'un témoin et ses précédentes déclarations.

Le procureur général et l'accusé pourront requérir le président de faire tenir les notes de ces changements, additions et variations.

319. Après chaque déposition, le président demandera au témoin si c'est de l'accusé présent qu'il a entendu parler ; il demandera ensuite à l'accusé s'il veut répondre à ce qui vient d'être dit contre lui.

Le témoin ne pourra être interrompu : l'accusé ou son conseil pourront les questionner par l'organe du président, après sa déposition, et dire, tant contre lui que contre son témoignage, tout ce qui pourra être utile à la défense de l'accusé.

Le président pourra également demander au témoin et à l'accusé tous les éclaircissements qu'il croira nécessaires à la manifestation de la vérité.

Les juges, le procureur général et les jurés auront la même faculté, en demandant la parole au président. La partie civile ne pourra faire de questions, soit au témoin, soit à l'accusé, que par l'organe du président.

320. Chaque témoin, après sa déposition, restera dans l'auditoire, si le président n'en a ordonné autrement, jusqu'à ce que les jurés se soient retirés pour donner leur déclaration.

321. Après l'audition des témoins produits par le

procureur général et par la partie civile, l'accusé fera entendre ceux dont il aura notifié la liste, soit sur les faits mentionnés dans l'acte d'accusation, soit pour attester qu'il est homme d'honneur, de probité, et d'une conduite irréprochable.

Les citations faites à la requête des accusés seront à leurs frais, ainsi que les salaires des témoins cités, s'ils en requièrent ; sauf au procureur général à faire citer à sa requête les témoins qui lui seront indiqués par l'accusé, dans le cas où il jugerait que leur déclaration peut être utile pour la découverte de la vérité.

322. Ne pourront être reçues les dépositions :

1° Du père, de la mère, de l'aïeul, de l'aïeule, ou de tout autre ascendant de l'accusé ou de l'un des accusés présents et soumis au même débat ;

2° Du fils, fille, petit-fils, petite-fille, ou de tout autre descendant ;

3° Des frères et sœurs ;

4° Des alliés aux mêmes degrés ;

5° Du mari et de la femme, même après le *divorce* prononcé ;

6° Des dénonciateurs dont la dénonciation est récompensée pécuniairement par la loi ;

Sans néanmoins que l'audition des personnes ci-dessus désignées puisse opérer une nullité, lorsque, soit le procureur général, soit la partie civile, soit les accusés, ne se sont pas opposés à ce qu'elles soient entendues.

323. Les dénonciateurs autres que ceux récompensés pécuniairement par la loi, pourront être entendus en témoignage ; mais le jury sera averti de leur qualité de dénonciateurs.

324. Les témoins produits par le procureur général ou par l'accusé seront entendus dans le débat, même lorsqu'ils n'auraient pas préalablement déposé par écrit, lorsqu'ils n'auraient reçu aucune assignation, pourvu, dans tous les cas, que ces témoins soient portés sur la liste mentionnée dans l'article 315.

325. Les témoins, par quelque partie qu'il soient produits, ne pourront jamais s'interpeller entre eux.

326. L'accusé pourra demander, après qu'ils auront déposé, que ceux qu'il désignera se retirent de l'auditoire, et qu'un ou plusieurs d'entre eux soient introduits et entendus de nouveau, soit séparément, soit en présence les uns des autres.

Le procureur général aura la même faculté.

Le président pourra aussi l'ordonner d'office.

327. Le président pourra, avant, pendant ou après l'audition d'un témoin, faire retirer un ou plusieurs accusés, et les examiner séparément sur quelques circonstances du procès ; mais il aura soin de ne reprendre la suite des débats généraux qu'après avoir instruit chaque accusé de ce qui se sera fait en son absence, et de ce qui en sera résulté.

328. Pendant l'examen, les jurés, le procureur général et les juges pourront prendre note de ce qui leur paraîtra important, soit dans les dépositions des témoins, soit dans la défense de l'accusé, pourvu que la discussion n'en soit pas interrompue.

329. Dans le cours ou à la suite des dépositions, le président fera représenter à l'accusé toutes les pièces relatives au délit et pouvant servir à conviction ; il l'interpellera de répondre personnellement s'il les reconnaît : le président les fera aussi représenter aux témoins, s'il y a lieu.

330. Si, d'après les débats, la déposition d'un témoin paraît fausse, le président pourra, sur la réquisition soit du procureur général, soit de la partie civile, soit de l'accusé, et même d'office, faire sur-le-champ mettre le témoin en état d'arrestation. Le procureur général et le président, ou l'un des juges par lui commis, rempliront à son égard, le premier, les fonctions d'officier de police judiciaire ; le second, les fonctions attribuées aux juges d'instruction dans les autres cas.

Les pièces d'instruction seront ensuite transmises à la Cour d'appel, pour y être statué sur la mise en accusation.

331. Dans le cas de l'article précédent, le procureur général, la partie civile ou l'accusé, pourront immédiatement requérir et la Cour ordonner, même d'office, le renvoi de l'affaire à la prochaine session.

332. Dans le cas où l'accusé, les témoins, ou l'un d'eux, ne parleraient pas la même langue ou le même idiome, le président nommera d'office, à peine de nullité, un interprète âgé de vingt-un ans au moins, et lui fera, sous la même peine, prêter serment de traduire

fidèlement les discours à transmettre entre ceux qui
parlent des langages différents.

L'accusé et le procureur général pourront récuser
l'interprète, en motivant leur récusation.

La Cour prononcera.

L'interprète ne pourra, à peine de nullité, même du
consentement de l'accusé ni du procureur général, être
pris parmi les témoins, les juges et les jurés.

333. Si l'accusé est sourd-muet et ne sait pas écrire, le président nommera d'office pour son interprète
la personne qui aura le plus d'habitude de converser
avec lui.

Il en sera de même à l'égard du témoin sourd-muet.

Le surplus des dispositions du précédent article sera exécuté.

Dans le cas où le sourd-muet saurait écrire, le greffier écrira les questions et observations qui lui seront
faites ; elles seront remises à l'accusé ou au témoin,
qui donneront par écrit leurs réponses ou déclarations.
Il sera fait lecture du tout par le greffier.

334. Le président déterminera celui des accusés
qui devra être soumis le premier aux débats, en com-
mençant par le principal accusé, s'il y en a un.

Il se fera ensuite un débat particulier sur chacun
des autres accusés.

335. A la suite des dépositions des témoins, et des
dires respectifs auxquels elles auront donné lieu, la
partie civile ou son conseil et le procureur général seront entendus, et développeront les moyens qui ap-
puient l'accusation.

L'accusé et son conseil pourront leur répondre.

La réplique sera permise à la partie civile et au procureur général ; mais l'accusé ou son conseil auront
toujours la parole les derniers.

Le président déclarera ensuite que les débats sont
terminés.

336. Le président résumera l'affaire.

Il fera remarquer aux jurés les principales preuves
pour ou contre l'accusé.

Il leur rappellera les fonctions qu'ils auront à remplir.

Il posera les questions ainsi qu'il sera dit ci-après.

337. La question résultant de l'acte d'accusation sera posée en ces termes :

« L'accusé est-il coupable d'avoir commis tel meurre, tel vol ou tel autre crime, avec toutes les circonstances comprises dans le résumé de l'acte d'accusation ? »

338. S'il résulte des débats une ou plusieurs circonstances aggravantes, non mentionnées dans l'acte d'accusation, le président ajoutera la question suivante : « L'accusé a-t-il commis le crime avec telle ou telle circonstance ? »

339. Lorsque l'accusé aura proposé pour excuse un fait admis comme tel par la loi, le président devra, à peine de nullité, poser la question ainsi qu'il suit : « Tel fait est-il constant ? »

340. Si l'accusé a moins de seize ans, le président posera, à peine de nullité, cette question :

« L'accusé a-t-il agi avec discernement ? »

341. *Ainsi modifié par la loi du 9 juin 1853 :* En toute matière criminelle, même en cas de récidive, le président, après avoir posé les questions résultant de l'acte d'accusation et des débats, avertit le jury, à peine de nullité, que s'il pense, à la majorité, qu'il existe en faveur d'un ou de plusieurs accusés reconnus coupables, des circonstances atténuantes, il doit en faire la déclaration en ces termes : « A la majorité, il y a des circonstances atténuantes en faveur de l'accusé. » Ensuite le président remet les questions écrites aux jurés, dans la personne du chef du jury ; il y joint l'acte d'accusation, les procès-verbaux qui constatent les délits, et les pièces du procès autres que les déclarations écrites des témoins.

Le président avertit le jury que tout vote doit avoir lieu au scrutin secret. Il fait retirer l'accusé de l'auditoire.

342. Les questions étant posées et remises aux jurés, ils se rendront dans leur chambre pour y délibérer.

Leur chef sera le premier juré sorti par le sort, ou celui qui sera désigné par eux et du consentement de ce dernier.

Avant de commencer la délibération, le chef des jurés leur fera lecture de l'instruction suivante, qui sera, en outre, affichée en gros caractères dans le lieu le plus apparent de leur chambre :

« La loi ne demande pas compte aux jurés des moyens par lesquels ils se sont convaincus ; elle ne leur prescrit point de règles desquelles ils doivent faire particulièrement dépendre la plénitude et là suffisance d'une preuve ; elle leur prescrit de s'interroger euxmêmes dans le silence et le recueillement, et de chercher, dans la sincérité de leur conscience, quelle impression ont faite sur leur raison les preuves rapportées contre l'accusé, et les moyens de sa défense. La loi ne leur dit point : *Vous tiendrez pour vrai tout fait attesté par tel ou tel nombre de témoins ;* elle ne leur dit pas non plus : *Vous ne regarderez pas comme suffisamment établie toute preuve qui ne sera pas formée de tel procès-verbal, de telles pièces, de tant de témoins ou de tant d'indices ;* elle ne leur fait que cette seule question, qui renferme toute la mesure de leurs devoirs : *Avezvous une intime conviction ?*

« Ce qu'il est bien essentiel de ne pas perdre de vue, c'est que toute la délibération du jury porte sur l'acte d'accusation ; c'est aux faits qui le constituent et qui en dépendent, qu'ils doivent uniquement s'attacher ; et ils manquent à leur premier devoir, lorsque, pensant aux dispositions des lois pénales, ils considèrent les suites que pourra avoir, par rapport à l'accusé, la déclaration qu'ils ont à faire. Leur mission n'a pas pour objet la poursuite ni la punition des délits ; ils ne sont appelés que pour décider si l'accusé est, ou non, coupable du crime qu'on lui impute. »

343. Les jurés ne pourront sortir de leur chambre qu'après avoir formé leur déclaration.

L'entrée ne pourra être permise pendant leur délibération, pour quelque cause que ce soit, que par le président, et par écrit.

Le président est tenu de donner au chef de la gendarmerie de service l'ordre spécial et par écrit de faire garder les issues de leur chambre : ce chef sera dénommé et qualifié dans l'ordre.

La Cour pourra punir le juré contrevenant d'une amende de cinq cents francs au plus. Tout autre qui aura enfreint l'ordre, ou celui qui ne l'aura pas fait exécuter, pourra être puni d'un emprisonnement de vingt-quatre heures.

344. Les jurés délibèreront sur le fait principal, et ensuite sur chacune des circonstances.

345. *Ainsi modifié par la loi du 9 septembre 1835 :* Le chef du jury lira successivement chacune des questions posées comme il est dit en l'article 336, et le vote aura lieu ensuite au scrutin secret, tant sur le fait principal et les circonstances aggravantes, que sur l'existence des circonstances atténuantes.

346. *Ainsi modifié par la loi du 9 septembre 1835 :* Il sera procédé de même et au scrutin secret, sur les questions qui seraient posées dans les cas prévus par les articles 339 et 340.

347. *Ainsi modifié par la loi du 9 juin 1853 :* La décision du jury tant contre l'accusé que sur les circonstances atténuantes, se forme à la majorité. La déclaration du jury constate cette majorité, sans que le nombre des voix puisse y être exprimé ; le tout à peine de nullité.

348. Les jurés rentreront ensuite dans l'auditoire, et reprendront leur place.

Le président leur demandera quel est le résultat de leur délibération.

Le chef du jury se lèvera, et, la main placée sur son cœur, il dira : « *Sur mon honneur et ma conscience, devant Dieu et devant les hommes, la déclaration du jury est : Oui, l'accusé, etc. Non, l'accusé, etc.* »

349. La déclaration du jury sera signée par le chef et remise par lui au président, le tout en présence des jurés.

Le président la signera et la fera signer par le greffier.

350. La déclaration du jury ne pourra jamais être soumise à aucun recours.

. . . .

352. *Ainsi modifié par la loi du 9 juin 1853* : Dans le cas où l'accusé est reconnu coupable, et si la Cour est convaincue que les jurés, tout en observant les formes, se sont trompés au fond, elle déclare qu'il est sursis au jugement et renvoie l'affaire à la session suivante, pour y être soumise à un nouveau jury, dont ne peut faire partie aucun des jurés qui ont pris part à la déclaration annulée.

Nul n'a le droit de provoquer cette mesure. La Cour ne peut l'ordonner que d'office, immédiatement après que la déclaration du jury a été prononcée publiquement.

Après la déclaration du second jury, la Cour ne peut ordonner un nouveau renvoi, même quand cette déclaration serait conforme à la première.

353. L'examen et les débats, une fois entamés, devront être continués sans interruption, et sans aucune espèce de communication au dehors, jusqu'après la déclaration du jury inclusivement.

Le président ne pourra les suspendre que pendant les intervalles nécessaires pour le repos des juges, des jurés, des témoins et des accusés.

354. Lorsqu'un témoin qui aura été cité ne comparaîtra pas, la Cour pourra, sur la réquisition du procureur général, et avant que les débats soient ouverts par la déposition du premier témoin inscrit sur la liste, renvoyer l'affaire à la prochaine session.

355. Si, à raison de la non-comparution du témoin, l'affaire est renvoyée à la session suivante, tous les frais de citation, actes, voyages des témoins, et autres ayant pour objet de faire juger l'affaire, seront à la charge de ce témoin, et il y sera contraint, même par corps, sur la réquisition du procureur général, par l'arrêt qui renverra les débats à la session suivante.

Le même arrêt ordonnera, de plus, que ce témoin sera amené par la force publique devant la Cour pour y être entendu.

Et néanmoins, dans tous les cas, le témoin qui ne comparaîtra pas, ou qui refusera soit de prêter serment, soit de faire sa déposition, sera condamné à la peine portée en l'article 80.

356. La voie de l'opposition sera ouverte contre ces condamnations, dans les dix jours de la signification qui en aura été faite au témoin condamné ou à son domicile, outre un jour par cinq myriamètres ; et l'opposition sera reçue s'il prouve qu'il a été légitimement empêché, ou que l'amende contre lui prononcée doit être modérée.

SECTION II.

DU JUGEMENT ET DE L'EXÉCUTION.

357. Le président fera comparaître l'accusé, et le greffier lira en sa présence la déclaration du jury.

358. Lorsque l'accusé aura été déclaré non coupable, le président prononcera qu'il est acquitté de l'accusation, et ordonnera qu'il soit mis en liberté, s'il n'est retenu pour autre cause.

La Cour statuera ensuite sur les dommages-intérêts respectivement prétendus, après que les parties auront proposé leurs fins de non-recevoir ou leurs défenses, et que le procureur général aura été entendu.

La Cour pourra néanmoins, si elle le juge convenable, commettre l'un des juges pour entendre les parties, prendre connaissance des pièces, et faire son rapport à l'audience, où les parties pourront encore présenter leurs observations, et où le ministère public sera entendu de nouveau.

L'accusé acquitté pourra aussi obtenir des dommages-intérêts contre ses dénonciateurs, pour fait de calomnie ; sans néanmoins que les membres des autorités constituées puissent être ainsi poursuivis à raison des avis qu'ils sont tenus de donner, concernant les délits dont ils ont cru acquérir la connaissance dans l'exercice de leurs fonctions, et sauf contre eux la demande en prise à partie, s'il y a lieu.

Le procureur général sera tenu, sur la réquisition de l'accusé, de lui faire connaître ses dénonciateurs.

359. Les demandes en dommages-intérêts, formées soit par l'accusé contre ses dénonciateurs ou la partie civile, soit par la partie civile contre l'accusé ou le condamné, seront portées à la Cour d'assises.

La partie civile est tenue de former sa demande en dommages-intérêts avant le jugement ; plus tard, elle sera non-recevable.

Il en est de même de l'accusé, s'il a connu son dénonciateur.

Dans le cas où l'accusé n'aurait connu son dénonciateur que depuis le jugement, mais avant la fin de la session, il sera tenu, sous peine de déchéance, de porter sa demande à la Cour d'assises : s'il ne l'a connu qu'après la clôture de la session, sa demande sera portée au tribunal civil.

A l'égard des tiers qui n'auraient pas été partie au procès, ils s'adresseront au tribunal civil.

360. Toute personne acquittée légalement ne pourra plus être reprise ni accusée à raison du même fait.

361. Lorsque, dans le cours des débats, l'accusé aura été inculpé sur un autre fait, soit par des pièces, soit par les dépositions des témoins, le président, après avoir prononcé qu'il est acquitté de l'accusation, ordonnera qu'il soit poursuivi à raison du nouveau fait : en conséquence, il le renverra en état de mandat de comparution ou d'amener, suivant les distinctions établies par l'article 94, et même en état de mandat d'arrêt, s'il y échet, devant le juge d'instruction de l'arrondissement où siége la Cour, pour être procédé à une nouvelle instruction.

Cette disposition ne sera toutefois exécutée que dans le cas où, avant la clôture des débats, le ministère public aura fait des réserves à fin de poursuite.

362. Lorsque l'accusé aura été déclaré coupable, le procureur général fera sa réquisition à la Cour pour l'application de la loi.

La partie civile fera la sienne pour restitution et dommages-intérêts.

363. Le président demandera à l'accusé s'il n'a rien à dire pour sa défense.

L'accusé ni son conseil ne pourront plus plaider que le fait est faux, mais seulement qu'il n'est pas défendu ou qualifié délit par la loi, ou qu'il ne mérite pas la peine dont le procureur général a requis l'application, ou qu'il n'emporte pas de dommages-intérêts au profit de la partie civile, ou enfin que celle-ci élève trop haut les dommages-intérêts qui lui sont dus.

364. La Cour prononcera l'absolution de l'accusé, si le fait dont il est déclaré coupable n'est pas défendu par une loi pénale.

365. Si ce fait est défendu, la Cour prononcera la

peine établie par la loi, même dans le cas où, d'après les débats, il se trouverait n'être plus de la compétence de la Cour d'assises.

En cas de conviction de plusieurs crimes ou délits, la peine la plus forte sera seule prononcée.

366. Dans le cas d'absolution comme dans celui d'acquittement ou de condamnation, la Cour statuera sur les dommages-intérêts prétendus par la partie civile ou par l'accusé ; elle les liquidera par le même arrêt, ou commettra l'un des juges pour entendre les parties, prendre connaissance des pièces, et faire du tout son rapport, ainsi qu'il est dit article 358.

La Cour ordonnera aussi que les effets pris seront restitués au propriétaire.

Néanmoins, s'il y a eu condamnation, cette restitution ne sera faite qu'en justifiant, par le propriétaire, que le condamné a laissé passer les délais sans se pourvoir en cassation, ou, s'il s'est pourvu, que l'affaire est définitivement terminée.

367. Lorsque l'accusé aura été déclaré excusable, la Cour prononcera conformément au Code pénal.

368. L'accusé ou la partie civile qui succombera, sera condamné aux frais envers l'Etat et envers l'autre partie.

Dans les affaires soumises au jury, la partie civile qui n'aura pas succombé, ne sera jamais tenue des frais.

Dans le cas où elle en aura consigné, en exécution du décret du 18 juin 1811, ils lui seront restitués.

369. Les juges délibéreront et opineront à voix basse ; ils pourront, pour cet effet, se retirer dans la chambre du conseil : mais l'arrêt sera prononcé à haute voix par le président, en présence du public et de l'accusé.

Avant de le prononcer, le président est tenu de lire le texte de la loi sur laquelle il est fondé.

Le greffier écrira l'arrêt ; il y insérera le texte de la loi appliquée, sous peine de cent francs d'amende.

370. La minute de l'arrêt sera signée par les juges qui l'auront rendu, à peine de cent francs d'amende contre le greffier, et, s'il y a lieu, de prise à partie tant contre le greffier que contre les juges.

Elle sera signée dans les vingt-quatre heures de la prononciation de l'arrêt.

371. Après avoir prononcé l'arrêt, le président pourra, selon les circonstances, exhorter l'accusé à la fermeté, à la résignation, ou à réformer sa conduite.

Il l'avertira de la faculté qui lui est accordée de se pourvoir en cassation, et du terme dans lequel l'exercice de cette faculté est circonscrit.

372. Le greffier dressera un procès-verbal de la séance, à l'effet de constater que les formalités prescrites ont été observées.

Il ne sera fait mention au procès-verbal, ni des réponses des accusés, ni du contenu aux dépositions, sans préjudice toutefois de l'exécution de l'article 318 concernant les changements, variations et contradictions dans les déclarations des témoins.

Le procès-verbal sera signé par le président et le greffier, et ne pourra être imprimé à l'avance.

Les dispositions du présent article seront exécutées à peine de nullité.

Le défaut de procès-verbal et l'inexécution des dispositions du troisième paragraphe qui précède, seront punis de cinq cents francs d'amende contre le greffier.

373. Le condamné aura trois jours francs après celui où son arrêt lui aura été prononcé, pour déclarer au greffe qu'il se pourvoit en cassation.

Le procureur général pourra, dans le même délai, déclarer au greffe qu'il demande la cassation de l'arrêt.

La partie civile aura aussi le même délai ; mais elle ne pourra se pourvoir que quant aux dispositions relatives à ses intérêts civils.

Pendant ces trois jours, et s'il y a eu recours en cassation, jusqu'à la réception de l'arrêt de la Cour de cassation, il sera sursis à l'exécution de l'arrêt de la Cour.

374. Dans les cas prévus par les articles 409 et 412 du présent Code, le procureur général ou la partie civile n'auront que vingt-quatre heures pour se pourvoir.

375. La condamnation sera exécutée, dans les vingt-quatre heures qui suivront les délais mentionnés en l'article 373, s'il n'y a point de recours en cassation ; ou, en cas de recours, dans les vingt-quatre heures de la réception de l'arrêt de la Cour de cassation qui aura rejeté la demande.   -

376. La condamnation sera exécutée par les ordres du procureur général; il aura le droit de requérir directement, pour cet effet, l'assistance de la force publique.

377. Si le condamné veut faire une déclaration, elle sera reçue par un des juges du lieu de l'exécution, assisté du greffier.

378. Le procès-verbal d'exécution sera, sous peine de cent francs d'amende, dressé par le greffier et transcrit par lui, dans les vingt-quatre heures, au pied de la minute de l'arrêt.

La transcription sera signée par lui; et il fera mention du tout, sous la même peine, en marge du procès-verbal. Cette mention sera également signée, et la transcription fera preuve comme le procès-verbal même.

379. Lorsque, pendant les débats qui auront précédé l'arrêt de condamnation, l'accusé aura été inculpé, soit par des pièces, soit par des dépositions de témoins, sur d'autres crimes que ceux dont il était accusé, si ces crimes nouvellement manifestés méritent une peine plus grave que les premiers, ou si l'accusé a des complices en état d'arrestation, la Cour ordonnera qu'il soit poursuivi à raison de ces nouveaux faits, suivant les formes prescrites par le présent Code.

Dans ces deux cas, le procureur général surseoira à l'exécution de l'arrêt qui a prononcé la première condamnation, jusqu'à ce qu'il ait été statué sur le second procès.

380. Toutes les minutes des arrêts rendus aux assises seront réunies et déposées au greffe du tribunal de première instance du chef-lieu du département.

Sont exceptées les minutes des arrêts rendus par la Cour d'assises du département où siége la Cour d'appel, lesquelles resteront déposées au greffe de ladite Cour.

CHAPÍTRE V.
Du Jury et de la manière de le former.
SECTION PREMIÈRE.
Du Jury.

. . . .

389. La liste entière ne sera point envoyée aux ci-
toyens qui la composent; mais le préfet notifiera á chacun d'eux l'extrait de la liste qui constate que son nom
y est porté. Cette notification leur sera faite huit jours
au moins avant celui où la liste doit servir.

Ce jour sera mentionné dans la notification, laquelle contiendra aussi une sommation de se trouver au
jour indiqué, sous les peines portées au présent Code.

A défaut de notification à la personne, elle sera faite
à son domicile, ainsi qu'à celui du maire ou de l'adjoint du lieu ; celui-ci est tenu de lui en donner connaissance.

390. Si parmi les quarante individus désignés par
le sort, il s'en trouve un ou plusieurs qui, depuis la
formation de la liste arrêtée en exécution de l'article
387, soient décédés, ou aient été légalement privés des
capacités exigées pour exercer les fonctions de juré, ou
aient accepté un emploi incompatible avec ces fonctions,
la Cour, après avoir entendu le procureur général, procèdera, séance tenante, à leur remplacement.

Ce remplacement aura lieu dans la forme déterminée
par l'article 388.

391. La liste des jurés sera comme non avenue a-
près le service pour lequel elle aura été formée.

Hors les cas d'assises extraordinaires, les jurés qui
auront satisfait aux réquisitions prescrites par l'article 389, ne pourront être placés plus d'une fois dans
la même année sur la liste formée en exécution de l'article 387.

Dans les cas d'assises extraordinaires, ils ne pourront être placés sur cette liste plus de deux fois dans
la même année.

Ne seront pas considérés comme ayant satisfait aux-
dites réquisitions ceux qui auront, avant l'ouverture de
la session, fait admettre des excuses dont la Cour d'assises aura jugé les causes temporaires.

Leurs noms, et ceux des jurés condamnés à l'amende

pour la première ou la deuxième fois, seront, immédiatement après la session, adressés au premier président de la Cour d'appel, qui les reportera sur la liste formée en exécution de l'article 387 ; et s'il ne reste plus de tirage à faire pour la même année, ils seront ajoutés à la liste de l'année suivante.

392. Nul ne peut être juré dans la même affaire où il aura été officier de police judiciaire, témoin, interprète, expert ou partie, à peine de nullité.

SECTION II.

DE LA MANIÈRE DE FORMER ET DE CONVOQUER LE JURY.

394. Le nombre de douze jurés est nécessaire pour former un jury.

Lorsqu'un procès criminel paraîtra de nature à entraîner de longs débats, la Cour d'assises pourra ordonner, avant le tirage de la liste des jurés, qu'indépendamment de douze jurés il en sera tiré au sort un ou deux autres qui assisteront aux débats.

Dans le cas où l'un ou deux des douze jurés seraient empêchés de suivre les débats jusqu'à la déclaration définitive du jury, ils seront remplacés par les jurés suppléants.

Le remplacement se fera suivant l'ordre dans lequel les jurés suppléants auront été appelés par le sort.

395. La liste des jurés sera notifiée à chaque accusé la veille du jour déterminé pour la formation du tableau : cette notification sera nulle, ainsi que tout ce qui aura suivi, si elle est faite plus tôt ou plus tard.

396. Tout juré qui ne se sera pas rendu à son poste sur la citation qui lui aura été notifiée, sera condamné par la Cour d'assises à une amende, laquelle sera :

Pour la première fois, de cinq cents francs ;

Pour la seconde, de mille francs ;

Et pour la troisième, de quinze cents francs.

Cette dernière fois, il sera de plus déclaré incapable d'exercer à l'avenir les fonctions de juré. L'arrêt sera imprimé et affiché à ses frais.

397. Seront exceptés ceux qui justifieront qu'ils étaient dans l'impossibilité de se rendre au jour indiqué.

La Cour prononcera sur la validité de l'excuse.

398. Les peines portées en l'article 396 sont applicables à tout juré qui, même s'étant rendu à son poste, se retirerait avant l'expiration de ses fonctions, sans une excuse valable, qui sera également jugée par la Cour.

399. Au jour indiqué, et pour chaque affaire, l'appel des jurés non excusés et non dispensés sera fait avant l'ouverture de l'audience, en leur présence, et en présence de l'accusé et du procureur général.

Le nom de chaque juré répondant à l'appel sera déposé dans une urne.

L'accusé premièrement ou son conseil, et le procureur général, récuseront tels jurés qu'ils jugeront à propos, à mesure que leurs noms sortiront de l'urne, sauf la limitation exprimée ci-après.

L'accusé, son conseil, ni le procureur général, ne pourront exposer leurs motifs de récusation.

Le jury de jugement sera formé à l'instant où il sera sorti de l'urne douze noms de jurés non récusés.

400. Les récusations que pourraient faire l'accusé et le procureur général s'arrêteront lorsqu'il ne restera que douze jurés.

401. L'accusé et le procureur général pourront exercer un égal nombre de récusations ; et cependant, si les jurés sont en nombre impair, les accusés pourront exercer une récusation de plus que le procureur général.

402. S'il y a plusieurs accusés, ils pourront se concerter pour exercer leurs récusations ; ils pourront les exercer séparément.

Dans l'un et l'autre cas, ils ne pourront excéder le nombre de récusations déterminé pour un seul accusé par les articles précédents.

403. Si les accusés ne se concertent pas pour récuser, le sort réglera entre eux le rang dans lequel ils feront les récusations. Dans ce cas, les jurés récusés par un seul, et dans cet ordre, le seront pour tous, jusqu'à ce que le nombre des récusations soit épuisé.

404. Les accusés pourront se concerter pour exercer une partie des récusations, sauf à exercer le surplus suivant le rang fixé par le sort.

405. L'examen de l'accusé commencera immédiatement après la formation du tableau.

406. Si, par quelque évènement, l'examen des accusés sur les délits ou sur quelques-uns des délits compris dans l'acte ou dans les actes d'accusation, est renvoyé à la session suivante, il sera fait une autre liste ; il sera procédé à de nouvelles récusations, et à la formation d'un nouveau tableau de douze jurés, d'après les règles prescrites ci-dessus, à peine de nullité.

. . . .

TITRE TROISIÈME.

DES MANIÈRES DE SE POURVOIR CONTRE LES ARRÊTS OU JUGEMENTS.

. . . .

CHAPITRE II.

DES DEMANDES EN CASSATION.

. . . .

434. Si l'arrêt a été annulé pour avoir prononcé une peine autre que celle que la loi applique à la nature du crime, la Cour d'assises à qui le procès sera renvoyé rendra son arrêt sur la déclaration déjà faite par le jury.

Si l'arrêt a été annulé pour autre cause, il sera procédé à de nouveaux débats devant la Cour d'assises à laquelle le procès sera renvoyé.

La Cour de cassation n'annulera qu'une partie de l'arrêt, lorsque la nullité ne viciera qu'une ou quelques-unes de ses dispositions.

. . . .

TITRE QUATRIÈME.

DE QUELQUES PROCÉDURES PARTICULIÈRES.

. . . .

CHAPITRE II.

DES CONTUMACES.

. . . .

466. Cette ordonnance sera publiée à son de trompe ou de caisse, le dimanche suivant, et affichée à la porte du domicile de l'accusé, à celle du maire, et à celle de l'auditoire de la Cour d'assises.

Le procureur général ou son substitut adressera aussi cette ordonnance au directeur des domaines et droits d'enregistrement du domicile du contumax.

467. Après un délai de dix jours, il sera procédé au jugement de la contumace.

468. Aucun conseil, aucun avoué, ne pourra se présenter pour défendre l'accusé contumax.

Si l'accusé est absent du territoire européen de la France, ou s'il est dans l'impossibilité absolue de se rendre, ses parents ou ses amis pourront présenter son excuse et en plaider la légitimité.

469. Si la Cour trouve l'excuse légitime, elle ordonnera qu'il sera sursis au jugement de l'accusé et au séquestre de ses biens pendant un temps qui sera fixé, eu égard à la nature de l'excuse et à la distance des lieux.

470. Hors ce cas, il sera procédé de suite à la lecture de l'arrêt de renvoi à la Cour d'assises, de l'acte de notification de l'ordonnance ayant pour objet la représentation du contumax et des procès-verbaux dressés pour en constater la publication et l'affiche.

Après cette lecture, la Cour, sur les conclusions du procureur général ou de son substitut, prononcera sur la contumace.

Si l'instruction n'est pas conforme à la loi, la Cour la déclarera nulle, et ordonnera qu'elle sera recommencée à partir du plus ancien acte illégal.

Si l'instruction est régulière, la Cour prononcera sur l'accusation et statuera sur les intérêts civils, le tout sans assistance ni intervention de jurés.

471. Si le contumax est condamné, ses biens seront, à partir de l'exécution de l'arrêt, considérés et régis comme biens d'absent ; et le compte du séquestre sera rendu à qui il appartiendra, après que la condamnation sera devenue irrévocable par l'expiration du délai donné pour purger la contumace.

472. Extrait du jugement de condamnation sera, dans les huit jours de la prononciation, à la diligence du procureur général ou de son substitut, inséré dans l'un des journaux du département du dernier domicile du condamné.

Il sera affiché, en outre, 1° à la porte de ce dernier domicile ; 2° de la maison commune du chef-lieu d'arrondissement où le crime a été commis ; 3° du prétoire de la Cour d'assises.

Pareil extrait sera, dans le même délai, adressé au directeur de l'administration de l'enregistrement et des domaines du domicile du contumax.

Les effets que la loi attache à l'exécution par effigie seront produits à partir de la date du dernier procès-verbal constatant l'accomplissement de la formalité de l'affiche prescrite par le présent article.

173. Le recours en cassation ne sera ouvert contre les jugements de contumace qu'au procureur général et à la partie civile en ce qui la regarde.

174. En aucun cas, la contumace d'un accusé ne suspendra ni ne retardera de plein droit l'instruction à l'égard de ses coaccusés présents.

La Cour pourra ordonner, après le jugement de ceux-ci, la remise des effets déposés au greffe comme pièces de conviction, lorsqu'ils seront réclamés par les propriétaires ou ayants-droit. Elle pourra aussi ne l'ordonner qu'à charge de représenter, s'il y a lieu.

Cette remise sera précédée d'un procès-verbal de description dressé par le greffier, à peine de cent francs d'amende.

175. Durant le séquestre, il peut être accordé des secours à la femme, aux enfants, au père ou à la mère de l'accusé, s'ils sont dans le besoin.

Ces secours sont réglés par l'autorité administrative.

176. Si l'accusé se constitue prisonnier, ou s'il est arrêté avant que la peine soit éteinte par prescription, le jugement rendu par contumace et les procédures faites contre lui depuis l'ordonnance de prise de corps ou de se représenter, seront anéantis de plein droit, et il sera procédé à son égard dans la forme ordinaire.

Si cependant la condamnation par contumace était de nature à emporter la mort civile, et si l'accusé n'a été arrêté ou ne s'est représenté qu'après les cinq ans qui ont suivi l'exécution du jugement de contumace, ce jugement, conformément à l'article 30 du Code civil, conservera, pour le passé, les effets que la mort civile aurait produits dans l'intervalle écoulé depuis l'expiration des cinq ans jusqu'au jour de la comparution de l'accusé en justice.

177. Dans les cas prévus par l'article précédent, si, pour quelque cause que ce soit, des témoins ne peuvent être produits aux débats, leurs dépositions écrites et les réponses écrites des autres accusés du même délit seront lues à l'audience ; il en sera de même de toutes les autres pièces qui seront jugées par le président être de nature à répandre la lumière sur le délit et les coupables.

478. Le contumax qui, après s'être représenté, obtiendrait son renvoi de l'accusation, sera toujours condamné aux frais occasionnés par sa contumace.

. . . .

CHAPITRE VI.

DE LA RECONNAISSANCE DE L'IDENTITÉ DES INDIVIDUS CONDAMNÉS, ÉVADÉS ET REPRIS.

. . . .

518. La reconnaissance de l'identité d'un individu condamné, évadé et repris, sera faite par la Cour qui aura prononcé sa condamnation.

Il en sera de même de l'identité d'un individu condamné à la déportation ou au bannissement, qui aura enfreint son ban et sera repris ; et la Cour, en prononçant l'identité, lui appliquera de plus la peine attachée par la loi à son infraction.

519. Tous ces jugements seront rendus sans assistance de jurés, après que la Cour aura entendu les témoins appelés tant à la requête du procureur général qu'à celle de l'individu repris, si ce dernier en a fait citer.

L'audience sera publique, et l'individu repris sera présent, à peine de nullité.

520. Le procureur général et l'individu repris pourront se pourvoir en cassation, dans la forme et dans le délai déterminés par le présent Code, contre l'arrêt rendu sur la poursuite en reconnaissance d'identité.

. . . .

CHAPITRE VII

MANIÈRE DE PROCÉDER EN CAS DE DESTRUCTION OU D'ENLÈVEMENT DES PIÈCES OU DU JUGEMENT D'UNE AFFAIRE.

. . . .

523. Lorsqu'il n'existera plus, en matière criminelle, d'expédition ni de copie authentique de l'arrêt, si la déclaration du jury existe encore en minute ou en copie authentique, on procèdera d'après cette déclaration à un nouveau jugement.

524. Lorsque la déclaration du jury ne pourra plus être représentée, ou lorsque l'affaire aura été jugée sans jurés, et qu'il n'en existera aucun acte par écrit, l'instruction sera recommencée, à partir du point où les pièces se trouveront manquer tant en minute qu'en expédition ou copie authentique.

Décret du 18 juin 1811

Contenant réglement pour l'administration de la justice en matière criminelle, de police correctionnelle et de simple police, et tarif général des frais.

. . . .

Art. 35. Les jurés qui auront été obligés de se transporter à plus de deux kilomètres de leur résidence actuelle, pourront être remboursés des frais de voyage seulement, sur le pied réglé dans le chapitre VIII, si toutefois ils le requièrent ; et il ne sera rien alloué pour toute autre cause que ce soit, à raison de leurs fonctions.

Art. 36. Nos officiers de justice énonceront, dans les mandats qu'ils délivreront au profit des . . . jurés, que la taxe a été requise.

. . . .

Art. 90. Il est accordé des indemnités aux. . . . . . jurés. . . ., lorsqu'à raison des fonctions qu'ils doivent remplir . . . ., ils sont obligés de se transporter à plus de deux kilomètres de leur résidence, soit dans le canton, soit au delà.

Art. 91. Cette indemnité est fixée pour chaque myriamètre parcouru en allant et en revenant, savoir :

1° Pour les jurés, *à deux francs cinquante centimes.*

. . . .

Art. 162. Sont déclarés, dans tous les cas, à la charge de l'Etat, et sans recours envers les condamnés :

1° . . . .

2° L'indemnité des jurés pour leur déplacement.

———❊———

Le texte ci-dessus a été modifié par le DÉCRET du 15 JANVIER 1881 (1) réglant le tarif des indemnités à allouer aux jurés coloniaux.

Le Président de la République française,

Sur le rapport du ministre de la marine et des colonies, et du garde des sceaux, ministre de la justice,

Vu l'article 6 § 12 du sénatus-consulte du 3 mai 1854 ;

Vu le décret du 21 août 1869 concernant les frais de justice en matière criminelle, correctionnelle et de simple police, à la Martinique, à la Guadeloupe et à la Réunion ;

Vu la loi du 27 juillet 1880 portant institution du jury dans les colonies de la Martinique, de la Guadeloupe et de la Réunion ;

Le Conseil d'Etat entendu,

DÉCRÈTE :

Art. 1er. — Dans les colonies de la Martinique, de la Guadeloupe et de la Réunion, les jurés obligés de se transporter à plus de deux kilomètres de leur résidence pourront, s'ils le demandent, être remboursés de leurs frais de voyage, d'après le tarif fixé par l'article 8 du décret du 21 août 1869 (2).

———

(1) Inséré au *Journal officiel de la République française* du 16 janvier 1881. — Promulgué dans la colonie par l'arrêté local du

(2) Art. 8 du *décret du 21 août 1869* : « Les frais de transport accordés en matière criminelle, correctionnelle

Il ne leur sera rien alloué, pour tout autre motif que ce soit, à raison de leurs fonctions.

Art. 2. — Lorsque les jurés seront arrêtés dans le cours du voyage par force majeure, ils recevront l'indemnité de séjour fixée par l'article 6 du même décret (3).

Ils seront tenus de faire constater par le juge de paix ou son suppléant, ou par le maire, ou, à son défaut, par un des adjoints, la cause du séjour forcé en route et d'en présenter le certificat à l'appui de leur demande en taxe.

---

et de simple police, aux huissiers, médecins, chirurgiens, sages-femmes, experts et interprètes, obligés de se transporter à plus de deux kilomètres de leur résidence, et aux témoins domiciliés à plus de quatre kilomètres du lieu où ils doivent être entendus, sont déterminés au maximum, ainsi qu'il suit :

Pour chaque myriamètre parcouru par terre ou par mer, en allant et en revenant, savoir :

Par mer . . . . .8 francs par myriamètre.
Par terre . . . . .5 francs par myriamètre.

Toutefois, les frais de transport déterminés par le présent article peuvent être réduits par arrêté du gouverneur, rendu en conseil privé, et approuvé par notre ministre de la marine et des colonies. »

(3) Art. 6. « L'indemnité de séjour accordée aux médecins, chirurgiens, sages-femmes, interprètes et experts, est fixée par jour à 6 francs. »

EXTRAIT de la décision rendue le 22 octobre 1880 par le Conseil privé de l'île de la Réunion, (1) constitué en conseil du contentieux administratif.

Article 1er. Les 400 jurés attribués à chaque arrondissement judiciaire sont répartis, pour l'année 1881, entre les divers cantons de ces arrondissements dans la proportion ci-après :

COMMUNES COMPOSANTS LE CANTON	POPULA-TION	NOMBRE de Jurés
Ier ARRONDISSEMENT JUDICIAIRE *(Partie du vent.)*		
1er CANTON : Saint-Denis......	32,050	116
2e CANTON : Sainte-Marie, Sainte-Suzanne..	12,736	47
3e CANTON : St-André, Salazie	16,544	60
4e CANTON : St-Benoit, Plaine des Palmistes, et Sainte-Rose	21,774	79
5e CANTON : Saint-Paul......	26,979	98
	110,083	400
IIe ARRONDISSEMENT JUDICIAIRE *(Partie sous-le-vent.)*		
6e CANTON : Saint-Leu.......	8,931	51
7e CANTON : Saint-Louis	18,149	103
8e CANTON : Saint-Pierre	30,615	175
9e CANTON : Saint-Joseph, St-Philippe........	12,517	71
	70,212	400

(1) *Journal officiel* de la Réunion du 27 octobre 1880.

TABLE DES MATIÈRES

Imprimerie O. DELVAL, rue du Barachois, 50.